T0276997

EL ARTE DE VIVIR COMO UN GATO

LIBROAMIGO

© 2023, Quiona Giménez Bosch (texto)

© 2023, María Montolío Garcés (ilustraciones)

© 2023, Redbook Ediciones, s. l., Barcelona

Diseño de cubierta: Regina Richling

Diseño de interior: Quim Miserachs

ISBN: 978-84-9917-708-3

Depósito legal: B-10.161-2023

Impreso por Sagrafic, Passatge Carsi 6, 08025 Barcelona

Impreso en España - *Printed in Spain*

EL ARTE DE VIVIR COMO UN GATO

Shia Green / Maria Montolio

INTRODUCCIÓN

Los gatos son la mascota más popular en todo el mundo. Hay tres gatos por cada perro y sus imágenes se utilizan para anunciar diferentes productos, desde videojuegos, bebidas alcohólicas o, por supuesto, leche. Los encontramos en aplicaciones divertidas, en memes y en objetos de decoración y es que no nos engañemos: los gatos están de moda.

Para unos son seres adorables, para otros son seres independientes que pretenden dominar a las personas (casi como una raza de alienígenas que intenta esclavizar a los seres humanos y adueñarse de su comida y todo lugar cómodo de la casa). Nadie se queda indiferente ante ellos.

Tanto si tienes minino o no, en este libro te propongo que aprendamos de ellos, de su día a día, de su carácter, su habilidad para mantenerse en forma y divertirse, su forma de lidiar con el estrés o su reconocida (y temida) independencia.

Por eso, en las próximas páginas vas a descubrir técnicas para desestresarte, desarrollar tu bienestar y potenciar tu mente gracias a los gatos. En ellas encontrarás también anécdotas gatunas, consejos, ejercicios prácticos y un montón de información que te hará conocerte mejor a ti y a tu gato, si tienes.

PREPÁRATE PARA DISFRUTAR DEL ARTE DE VIVIR COMO UN GATO.

1

¿Por qué los gatos?

«EL ÚNICO MISTERIO SOBRE EL GATO ES SABER POR QUÉ HA DECIDIDO SER UN ANIMAL DOMÉSTICO.»

Edward C. Mackenzie

no nos engañemos: con esos ojazos y esa carita tierna no hay quién se resista a un lindo gatito. Pero además de este encanto natural, podemos descubrir en sus costumbres, en sus virtudes, en sus habilidades, una magia en su capacidad para vivir en paz y ser felices.

Los gatos nos han fascinado desde siempre. Aunque nuestra relación con los felinos se creyó más tardía, en 2004 se encontró en Chipre un entierro del 7.500 a.C. que contenía huesos humanos y huesos de gato, lo que demuestra que el vínculo con nuestros amigos peludos es muy anterior a lo que siempre se había creído. Al ser además una isla, lo más probable es que los primeros pobladores de Chipre llevaran con ellos gatos domesticados desde el continente.

Pero es en el Antiguo Egipto donde se los veneró con especial devoción, hasta el punto de que cuando un gato casero moría por causas naturales, todos los miembros de la familia se afeitaban las cejas en señal de duelo. Y ese duelo continuaba ¡hasta que las cejas crecían!

Esta presencia del gato como mascota continuó tanto en Grecia como en Roma, donde encontramos pinturas que muestran a gatos en situaciones domésticas bajo los bancos en un banquete, sobre el hombro de un muchacho o jugando con una muchacha con un ovillo de cuerda.

Los gatos fueron muy apreciados hasta la Edad Media por su gran cualidad como cazadores, sobre todo en el campo, donde era el remedio contra la plaga de roedores que, de no ser por ellos, hubiesen campado a sus anchas. A pesar de que la Iglesia comenzaba a verlos como criaturas demoníacas y ayudantes de las brujas, durante la baja Edad Media los campesinos y los monjes continuaban confiando en ellos para el control de roedores.

Sin embargo, el tiempo avanzó y llegó la peste negra de la que se culpó en parte a los gatos. A partir de entonces se multiplicaron los sacrificios de gatos a modo casi de fiesta popular promulgada por la Santa Inquisición, relacionándolos con todo lo maligno, sobre todo si el pobre gato en cuestión era negro.

Por suerte llegó el Renacimiento y la adoración a los gatos se reinició, sobre todo como cazadores de ratones. Los mininos volvieron a estar presentes en el campo, en los buques, en las tiendas, etc.

Podemos ver el gran poder cazador de los gatos en la gata Tibbles, famosa por acabar con toda una especie de pájaros de la isla de Stephens, en Nueva Zelanda, en solo un año.

En enero de 1894 la gata Tibbles desembarcó en la isla de Stephens, en Nueva Zelanda, como mascota del farero David Lyall y su familia. La isla no había sido nunca habitada por humanos, pero tras muchos naufragios de barcos, el gobierno neozelandés decidió construir allí un faro y una casa.

Además de encargarse del importante faro, David pudo desarrollar su pasión por la observación de pájaros. Y pronto descubrió una nueva especie que bautizó como xenicus de Lyall. David mandó varios ejemplares y sus observaciones a un reconocido ornitólogo de Nueva Zelanda. Mientras él estudiaba a aquellas aves regordetas, su gata Tibbles, embarazada y hambrienta, se dedicó a comérselas: eran la presa ideal para ella pues hacían sus nidos en el suelo y, como tenían alas muy pequeñas, no podían volar.

Casi un año después, la comunidad científica reconoció la nueva especie y David buscó más ejemplares. Fue entonces cuando supo que ya era tarde: Tibbles y sus cachorros se los habían zampado a todos.

En los siguientes siglos, los gatos inspiraron a muchos artistas: desde la gata Cattarina del maestro del terror Edgar Allan Poe (1809-1849), los divertidos gatos del escritor T. S. Eliot (1888-1965) que luego inspiraron el musical *Cats*, o los innumerables gatos de seis dedos de Ernest Hemingway (1899-1961), entre los que se encontraba Snow White, su primera gata. ¿Y quién no recuerda la enorme sonrisa del gato de Cheshire, de *Alicia en el país de las maravillas*? A pesar de que fueron publicadas en 1865, las aventuras de Alicia siguen más vivas que nunca.

Pero no hace falta remontarse tan lejos. Podemos encontrar nuestra fascinación en los gatos en ejemplos más recientes, como el famoso gato callejero Bob con sus bufandas, cuya hermosa historia de amistad con su humano, James Bowen, ha llegado al cine, o en la simpática gatita conocida como Grumpy Cat (2012-2019), que se hizo viral en internet y fue protagonista de vídeos, redes sociales y memes. Sin olvidar a personajes de dibujos animados como Garfield o Hello Kitty que tanta popularidad han cosechado.

Por tanto, el gato siempre ha estado a nuestro lado, primero como un compañero semisalvaje cuya función era cazar ratones, hasta convertirse en la mascota adorable que actualmente es.

Habilidades gatunas

Ante todo los gatos son unos grandes maestros de los que podemos aprender muchos superpoderes, algunos hasta contradictorios:

- Son muy afectuosos y sociales.
- Aunque a la vez son independientes.
- Son superlimpios.
- Son muy hábiles y curiosos.
- Son extremadamente flexibles.
- Tienen unos sentidos muy desarrollados.
- Son muy buenos cazadores.

Además, si los observamos con atención veremos que son los maestros de la calma, unos expertos yoguis, los campeones de las siestas, los gurús del autocuidado y unos grandes gourmets. ¿Me acompañas a descubrirlos?

Vista, olfato y oído

Los gatos pueden adaptar su pupila para dejar entrar más o menos luz, pudiendo ver así durante el día y también por la noche. Por su parte, tienen en la nariz 200 millones de células olfativas, diez veces más que las que tenemos nosotros. Además de ver con los ojos, los olores les permiten escanear el territorio. Y por si fuera poco, escuchan incluso mejor que los perros alcanzando un rango de 20kHZ a 60kHz.

Para hacer con tu gato

Aprovecha cuando tu gato **esté tumbado panza arriba** para acariciar las almohadillas de sus patas. ¡Son una de las partes más adorables!
Tiene cinco almohadillas pequeñas para los dedos y una almohadilla plantar y, en las patas traseras, cuatro almohadillas digitales y una plantar. Además de contener glándulas sudoríparas tienen la función de amortiguar los impactos durante las caídas.
Acaricia las almohadillas con las yemas de tus dedos. Es muy gustoso y a tu gato le debería relajar.

1 Mantente consciente de tu entorno

Cierra los ojos y respira profundamente tres veces. Después centra tu atención en tu nariz como si fueras un gato. ¿Qué olores te llegan? Gira un poco la cabeza hacia un lado y hacia el otro para percibir mejor los olores. Intenta apreciar todos los matices.

Si te es difícil distinguir olores, haz este ejercicio sentado frente a una flor recién cortada o comprada, o frente a un parterre de flores. ¡Ya verás cómo la percibes diferente!

2 Descansa la vista

Muchas veces no descansamos la vista de las pantallas y nos olvidamos de hacer ejercicios para aliviar los ojos cansados. Ya verás que son muy sencillos y que los puedes hacer constantemente: levanta la vista del ordenador, móvil, tablet, etc., y mira con atención lo más lejos que puedas. Concéntrate durante medio minuto, observando los detalles del paisaje o de lo que tengas delante. A continuación mira al suelo y pasea la vista por el mismo como si persiguieras un ratón: con movimientos rápidos y de un lado a otro. ¡Ya está!

3 Evita las malas posturas

Intenta ser consciente de tu postura. Adoptar una postura correcta es esencial. Si la caja torácica está contraída y cóncava, respiraremos en la parte superior del tórax, empleando solo una cuarta parte de la capacidad pulmonar. Esto fatiga el corazón, que ha de bombear más sangre para obtener la misma cantidad de oxígeno, aumentando de este modo la presión sanguínea.

4 Reserva tu propio espacio

Disfrutar de un espacio de intimidad y tranquilidad para relajarnos es también esencial para todas las personas. Este espacio puede ser limitado o extenso dependiendo de nuestras posibilidades, pero es importante que sea respetado por los demás, sobre todo en los momentos que se practican los diferentes ejercicios.

Disponer de un habitáculo, como una buhardilla o una habitación para nosotros sería lo más recomendable, pero, como a menudo esto no es posible, podemos crear espacios adicionales mediante la colocación de biombos, cortinas o muebles que separen las diferentes zonas. Otra posibilidad es definir ese espacio con la ayuda de una iluminación determinada o incluso diferenciando esa zona con colores diferentes a los del resto.

5 Abrázate

En muchas ocasiones un abrazo lo cura todo, o al menos ayuda mucho. ¿Has pensado en abrazarte a ti mismo? Es muy sencillo y placentero, solo tienes que rodear tus brazos y apretar con todo tu cariño. Prueba distintas posiciones hasta encontrar la más cómoda. Ya verás cómo esos segundos que dure tu abrazo te llenarán de energía y confianza en ti mismo.

2

Sé zen, sé gato

«EL IDEAL DE LA CALMA ES UN GATO SENTADO.»

Jean Renard

os gatos son los maestros de la calma y de la concentración. Son capaces de observar un objeto durante mucho rato casi sin pestañear, como si estuvieran en trance, preparados para cazarlo o sencillamente admirándolo. Permanecen atentos y relajados durante horas hasta que reaccionan y someten a su cuerpo al estrés de la reacción.

Este es el estrés «bueno», puesto que es una reacción natural del cuerpo a una situación. Todos sufrimos estrés en mayor o menor grado. De hecho nuestra reacción física ante el estrés surgió hace miles de años, y a pesar de que el contexto ha cambiado, nuestra respuesta sigue siendo la misma.

En la Antigüedad, como respuesta a los peligros que el ser humano advertía, se producían grandes cantidades de adrenalina, que desencadenaba la llamada «reacción de lucha o huida». Para los seres humanos primitivos era una respuesta esencial para enfrentarse a los animales salvajes. Esta gran cantidad de adrenalina era después quemada y el cuerpo se estabilizaba hasta alcanzar otra vez un estado de calma.

En esta reacción de lucha o huida todos los órganos del cuerpo que no tienen ninguna función de apoyo a esta respuesta (tales como el aparato digestivo) se inhiben. Aumenta la presión sanguínea, se acelera el corazón, se incrementa la frecuencia respiratoria y el consumo de oxígeno. La sangre riega el cerebro y los músculos esqueléticos para así favorecer tanto la rapidez mental como la física, provocando un estado de alerta y de atención.

Pero existe también el estrés «negativo», que se produce cuando se dispara la reacción de lucha o huida bajo unas condiciones menos enérgicas, de forma que somos incapaces de quemar la adrenalina que nuestro cuerpo sigue generando cuando ya no es necesario. En estos casos, nuestra salud y nuestro estado de ánimo se someten a una gran presión y puedan verse perjudicados. Las enfermedades cardiovasculares, los trastornos respiratorios, las afecciones como la artritis, o el cáncer y la depresión, suelen estar directamente relacionadas con el estrés.

Aun así, no hay que ser alarmistas. El estrés es un estado de excitación gracias al cual podemos responder a los retos de forma espontánea. Las personas con cierto grado de estrés desarrollan un alto sentido de la

El estrés en los gatos puede darse por la llegada de otro gato o por cambios en el hogar o en los hábitos alimenticios. Actuará sobre la vejiga contribuyendo a infecciones urinarias, aunque si se vuelve crónico, el organismo del gato producirá altas dosis de cortisol, lo que provocará el debilitamiento del sistema inmunitario. Para evitar los efectos negativos del estrés deberíamos evitar los factores estresantes, cosa que no siempre es posible (falta de descanso, exceso de trabajo, etc.), por ello nos vamos a fijar en las técnicas felinas para luchar contra el estrés.

Ante todo nos hemos de fijar en nuestra respiración ya que cuando nos vemos sumidos en un estado de tensión y estrés, curiosidad, así como una capacidad de adaptarse a nuevas situaciones. Es decir, un estrés suave o poco intenso permite reaccionar con rapidez y eficacia, estimulando la capacidad de atención.

Sólo cuando estas circunstancias estresantes parecen imposibles de controlar y, se repiten durante mucho tiempo, pueden surgir los verdaderos problemas. El punto en el que el estrés deja de ser positivo y afecta al bienestar es diferente para cada persona. Debe tenerse en cuenta que, generalmente, no son los acontecimientos externos los que provocan una saturación y como consecuencia el estrés, sino la forma de enfrentarnos a ellos.

solemos hiperventilar, es decir, respirar de forma demasiado rápida y profunda. La hiperventilación provoca una eliminación excesiva de anhídrido carbónico. Como consecuencia, la sangre se torna demasiado alcalina y se bloquea el suministro de anhídrido carbónico al cerebro, trastornando así el mecanismo de retroacción que controla la absorción de oxígeno y la expulsión de anhídrido carbónico.
Adopta una postura correcta, pues, tal como hemos comentado antes, si la caja torácica está contraída y cóncava la respiración no será la adecuada. La espalda ha de estar recta para permitir la entrada correcta de aire a los pulmones.

Saber si estamos respirando de forma natural con el diafragma es fácil. Coloca una mano en la parte superior del pecho y otra en tu barriga. Si la mano inferior asciende y el estómago sobresale cuando inhalas aire, estás respirando con el diafragma de forma correcta. Por el contrario, si el pecho se expande y sólo se mueve la caja torácica, significa que estás respirando con el pecho y, por tanto, de forma no adecuada.

Por ello te aconsejo que cada vez que te veas sumido en un estado de tensión, de fatiga mental y física o de estrés, inspires por la nariz profunda y lentamente, hasta que sientas los pulmones llenos. Reten el aire unos segundos y, después, expúlsalo de forma acompasada tanto por la nariz como por la boca, hasta que los pulmones estén vacíos. Repite la acción al menos diez veces. Es un método sencillo que te aportará una sensación de placidez y relajación, y que podrás realizar ya sea en el trabajo, en la calle o en reposo.

Observa a tu gato, es muy revoltoso y juguetón pero también es un maestro de la quietud y del silencio, aspectos clave para obtener la relajación y eliminar el ruido de nuestros propios pensamientos. Durante los picos

de alerta, tu gato está al acecho del peligro potencial: sus oídos se agudizan y su mirada observa fijamente la novedad o aquello que ha roto su descanso. Pero una vez identificada la causa de su preocupación, recuperará su compostura y descansará la cabeza en cuestión de segundos.

Independiente, calmado y reflexivo, el gato nos insta a vivir en el aquí y ahora concentrándonos con plena atención en lo que hacemos. El zen es precisamente esto, buscar la paz interior a través del silencio y la meditación, actitudes por otra parte muy felinas como ya hemos visto.

Mindfulness

Los gatos son capaces de pasarse horas mirando a la nada, plenamente concentrados en el momento presente. Por eso, son expertos en lo que se denomina mindfulness o «sati», que significa «recordar» en el idioma pali (el idioma que Buda hablaba hace 2500 años). ¿Pero qué es esta técnica? Consiste en centrarte en el momento presente, es decir, consiste en recordarnos estar en el aquí y ahora. No significa meditar, aunque podemos servirnos de ejercicios de meditación. Te pongo un ejemplo: te estás duchando y, en vez de disfrutar de la ducha, del efecto del agua en tu cuerpo, te enjabonas pensando en las lavadoras que has de poner y haciendo la lista mental de las cosas que has de comprar en el supermercado.

Pues bien, mindfulness es eso: concentrarte en el agua recorriendo tu cuerpo, en el sabor del café y de esas tostadas o en la suavidad del pelo de tu gato cuando lo acaricias. Vivir cada momento sin estrés. Por eso también se le llama atención plena.

Esta clase de atención permite aprender a relacionarnos con todo lo que nos sucede en nuestra vida en el presente. Es un modo de tomar conciencia de la realidad, permitiéndonos trabajar con nuestro estrés, nuestras enfermedades, dolores, pérdidas, problemas, etc. Por el contrario, una vida en la que no pusiéramos atención nos conduciría al olvido, a reaccionar de modo automático.

Así, la práctica de la atención plena posibilita la recuperación de nuestro equilibrio interno, ayuda a controlar el estrés y la ansiedad, aumenta la concentración, protege el cerebro, desarrolla la inteligencia emocional, mejora las relaciones interpersonales, favorece la creatividad y mejora la memoria.

Para hacer con tu gato

En un momento en el que veas que tú y tu gato estáis plenamente relajados, puedes aprovechar **para darle masajes en la cara. Es muy gratificante y a la vez divertido**.

Coloca las manos alrededor de la cara del gato y ejerce una pequeña presión tirando ligeramente hacia delante.

Luego lleva las manos hacia atrás y estira suavemente la piel de la cara. Amasa con cariño su cabeza.

Por supuesto no a todos los gatos les gustará, ¡en mi caso a Perla le encanta!

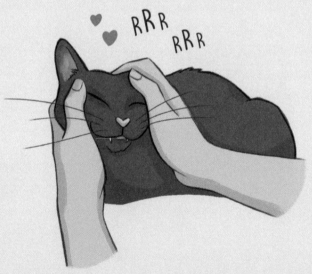

1 A respirar

Siéntate en una posición cómoda, cierra los ojos y concéntrate en tu respiración. Nota cómo el aire entra por tus fosas nasales y sale por tu boca. Siente cómo tu abdomen se llena con la inspiración y se vacía al expulsar el aire. No pienses en nada más. Solo en tu respiración. Haz este ejercicio durante unos minutos siempre que te notes estresado. Si no puedes cerrar los ojos, mantenlos abiertos y practícalo en el trabajo o en casa sentado en el sofá. Ya verás cómo apenas unos minutos de concentración te harán sentir mejor.

2 Tensión muscular

Este ejercicio también lo puedes practicar en cualquier sitio, ya sea en casa, en el trabajo, sentado o de pie.
Contrae los músculos de tus brazos cinco segundos y después libéralos, notando la distensión provocada. A continuación tensa las piernas del mismo modo, los pies, los hombros, el torso. Presta atención al cambio generado en tu cuerpo.

ESPERO QUE TE HAYAS LAVADO LAS MANOS ANTES DE TOCARME.

3 Acaricia a tu mascota

Dedica un tiempo al día a acariciar a tu gato de forma consciente: no solo le gustará a tu amigo peludo sino que está comprobado que reducirá tus niveles de cortisol (una hormona relacionada con el estrés).

4 Limpieza mental

A veces tenemos tantas cosas en la cabeza que intentar concentrarnos en el aquí y ahora se hace una montaña. Si este es tu caso, te propongo el siguiente ejercicio de «limpieza» mental.

Toma un folio o un cuaderno y un lápiz, bolígrafo… Lo que encuentres para escribir. Siéntate y escribe absolutamente todo lo que se te pasa por la cabeza. Sí, todo ese listado de cosas que tienes que hacer, las cosas que te preocupan, todo. No juzgues, solo vacía.

Dedícale unos cinco minutos o hasta que te sientas más liberado.

5 Saborear tu desayuno

Comienza el día ante tu desayuno habitual, pero esta vez siéntate y disfrútalo. Nota el calor de la taza en la mano, el aroma del café o del té, el crujir de los alimentos en tu boca...

Intenta percibir todos los sabores y texturas sin pensar en nada más que en el estupendo desayuno que estás comiendo. Ah, y si tu gato te interrumpe como a mí, ¡aprovecha para observarlo!

3

¡A estirarse!

«EL MÁS PEQUEÑO FELINO
ES UNA OBRA MAESTRA.»

Leonardo da Vinci

a todos los gatos les gusta deslizar la cabeza dentro de las bolsas de papel e inspeccionar cada rincón o bien intentar meterse dentro de una caja. Aunque los juguetes nuevos son una gran sorpresa, no hay nada como una bolsa o una caja de cartón. Y es que los gatos son muy flexibles: se deslizan en cualquier rincón y en el interior de los objetos hasta encajar a la perfección dentro de los mismos. Es un superpoder que se debe a la gran flexibilidad de su columna y a su gran habilidad para no ponerse barreras. No hay rincón que se les resista, ya sea una estantería, un cajón o ese espacio que queda detrás de tu ordenador.

Si a eso le sumamos su costumbre de flexionar su cuerpo y estirar bien sus patas, ya tenemos la fórmula de su éxito: aunque se pasen muchas horas haciendo la siesta, luego estirarán todos sus músculos para fortalecerlos.

Los humanos en cambio muchas veces sometemos nuestros músculos a malas posturas, generalmente mantenidas durante toda la jornada laboral, así como al estrés diario y a la falta de ejercicio físico.

> Los gatos tienen 230 huesos, lo que significa que tienen ¡38 huesos más que nosotros!

Los estiramientos musculares son ejercicios que buscan alargar el músculo. Un músculo poco utilizado o mantenido en la misma posición durante mucho tiempo tiende a perder su extensibilidad, lo que resulta en una limitación de su movimiento.

El estiramiento del músculo debe hacerse lentamente, manteniendo la posición de tensión durante al menos diez segundos. Un músculo, para estar estirado, debe estar relajado, es decir, no debe ofrecer resistencia a su estiramiento.

El estiramiento provoca, además del alargamiento, la estimulación de la circulación sanguínea y linfática y, de este modo, favorece la recuperación del músculo.

Solo que interrumpas cinco minutos tu rutina para hacer unos estiramientos te aportará muchos beneficios:

🐾 **te ayudará a disminuir la tensión muscular,**
🐾 relajará tu cuerpo,
🐾 **aumentará la movilidad articular y la elasticidad muscular,**
🐾 mejorará la coordinación,
🐾 **preservará las articulaciones del envejecimiento,**
🐾 te ayudará a ser consciente de tu postura corporal.

Para ello, la forma más segura de estirarse es hacer como los gatos cuando se despiertan: mantener un músculo o músculos estirados de forma suave hasta que notes tensión y aguantar esta posición durante unos segundos, entre quince y sesenta en concreto. Después liberas la tensión también de forma suave. En el apartado de ejercicios te mostramos más ejemplos en detalle.

Yoga gatuno

El yoga gatuno está de moda. En internet
podemos ver imágenes de gatitos realizan-
do las diferentes asanas o posturas de yoga,
y aunque muchas están retocadas, es cierto
que nuestros peludos son unos perfectos
yoguis. Y eso lo sabían los antiguos, ya
que incluso crearon la asana del gato o
marjaryasana.

¿Pero qué es el yoga? Es una práctica integral que busca alcanzar la unidad de la conciencia, aunque solo que lo
practiquemos como ejercicio físico, ya obtendremos sus
múltiples ventajas.

Unos minutos de yoga cada día aliviarán los dolores
musculares, además de aportar una gran sensación de
bienestar, un alto grado de relajación y reducir el estrés.
El yoga resulta óptimo para calmar la mente, reducir la
tensión y obtener una relajación profunda.

El yoga se practica desde hace 4.000 años en la India.
Esta palabra es un término sánscrito que significa «vínculo» o «sujetar», y que indica el hecho de controlar y dirigir
la atención para obtener una unión o equilibrio entre
mente, cuerpo y espíritu.

La asana más completa y más adecuada para realizar cada mañana es el saludo al sol o surya namaskar. Mi gata y yo te recomendamos que la hagas nada más levantarte, ya verás que una vez cojas el hábito solo te aportará beneficios.

1. Colócate de pie, con la columna recta, las rodillas y los pies unidos, y las palmas de las manos juntas a la altura del pecho, en posición de rezo.

2. Inspira suavemente, levanta los brazos con las palmas de las manos hacia arriba y arquea la espalda hacia atrás.

3. Expulsa el aire y flexiona el cuerpo hacia delante sin doblar las rodillas, hasta tocar el suelo con las manos (¡si puedes!). Relaja la cabeza y el cuello.

4. Inspira y desliza la pierna derecha hacia atrás, levanta la cabeza al máximo apoyándola en la nuca.

5. Contén la respiración y lleva el cuerpo hacia delante. Las manos siguen apoyadas en el suelo y las piernas a la misma altura.

6. Expulsa el aire mientras te estiras en el suelo dejando caer todo el peso de tu cuerpo en las manos. Apoya la frente, el pecho y las rodillas en el suelo, pero mantén las nalgas levantadas.

7. Inspira mientras extiendes los brazos y arqueas la espalda levantando la cabeza.

8. A continuación, deshaz el ejercicio repitiendo cada uno de los pasos anteriores a la inversa. Contén la respiración y levanta las caderas hasta alcanzar la postura del movimiento 5. Las manos deben estar apoyadas en el suelo y las piernas a la misma altura.

9. Inspira y desliza la pierna derecha hacia delante, como en el movimiento 4, levantando la cabeza al máximo y apoyándola en la nuca.

10. Expulsa el aire y lleva la otra pierna hacia delante, con el tronco doblado y las manos tocando el suelo, como en el movimiento 3. Relaja la cabeza y el cuello.

11. Inspira suavemente mientras levantas el torso. Extiende los brazos con las palmas de las manos hacia arriba y arquea la espalda hacia atrás, como en el movimiento 2.

12. Por último, expulsa el aire, regresa a la posición inicial, de forma que la columna esté recta, las rodillas y los pies unidos, y las palmas de las manos unidas a la altura del pecho, en posición de rezo, como en el movimiento 1.

Para hacer con tu gato

En este ejercicio te propongo que seas tú quien copie a tu gato.

Fíjate bien **cómo se despereza al despertarse**, cómo arquea la espalda y estira las patas delanteras y realiza tú la misma postura. Ponte de rodillas y arquea la espalda estirando los brazos y el cuello. Mantén la postura diez segundos.

También es muy divertido copiar sus movimientos: cuando tu gato esté jugando, intenta copiar sus posturas lo mejor que puedas. Aunque recuerda hacer un calentamiento antes.

1 Refuerza la musculatura

Ponte de pie con los pies ligeramente separados entre sí y los brazos a los lados del cuerpo. Relájate durante unos minutos, concentrándote en tu respiración. Cuando estés listo, sube los brazos por encima de tu cabeza como si quisieras atrapar un objeto que no acabas de alcanzar. Tus dedos están extendidos. Ponte de puntillas y aprieta los músculos de los glúteos para llegar más lejos. Mantén la postura unos diez segundos y a continuación relaja. Respira un par de veces y repite el ejercicio hasta que te sientas bien estirado.

2 Estira los músculos

Para este ejercicio necesitarás un espacio lo suficientemente amplio como para estirarte sin chocar contra nada. Estírate boca abajo. Los brazos deben estar bien rectos por encima de tu cabeza y las piernas ligeramente separadas. Inspira profundamente y al soltar el aire estira desde las puntas de los dedos de los pies hasta las puntas de los dedos de las manos como si fueras un gatito que se estira. Descansa y repite el ejercicio hasta que te sientas relajado. Si lo prefieres, puedes hacer el ejercicio boca arriba o hacer unos cuantos estiramientos boca abajo y, después, girarte para repetirlos boca arriba.

3 Tensa todo el cuerpo

Otra de las técnicas para relajar todo el cuerpo es tensar todos los miembros. Para ello, estírate en la cama, sobre una esterilla en el suelo o, si no puedes estirarte, siéntate en una silla con la columna bien recta. Realiza una inspiración y tensa todos los músculos a la vez, incluyendo los de la cara. Al expulsar el aire, relaja de nuevo.

Repite varias veces este ejercicio, verás cómo poco a poco disminuye la tensión general de tu cuerpo.

4 Para hacer en la oficina

Haz una pequeña pausa para este sencillo ejercicio: siéntate recto pero cómodo, con las piernas dobladas y las manos sobre ellas. Coge aire y, a medida que llenas tus pulmones, hazte más alto como si un hilo tirase de la parte superior de tu cabeza hacia el cielo. Suelta el aire suavemente y repite unas diez veces o hasta que te sientas más relajado.

5 Postura del gato

La postura del gato o Marjaryasana es una de las asanas más fáciles del yoga y tiene muchos beneficios.
Arrodíllate y tira el cuerpo hacia adelante, de forma que te apoyes también en tus manos. Las piernas y los brazos deben estar tan abier-

tos como tus caderas y hombros. Inspira y arquea la espalda, mete el abdomen hacia adentro y la cabeza agachada. Aguanta la postura unos diez segundos y expira, regresando a la postura inicial. Repite cuatro o cinco veces.

4

Dormir
como un gato

«NO PUEDES MIRAR A UN GATO
DORMIDO Y SENTIRTE TENSO.»

Jane Pauley

os gatos son los maestros de las siestas, hasta el punto de que dedican tres cuartas partes de su tiempo diario a dormir o dormitar. No te equivoques, permanecen atentos a su entorno, pero son capaces de relajar su mente y su cuerpo.

Si quieres relajarte en el acto, observa a un gato durmiendo o, incluso mejor, deja que se siente sobre ti. El ronroneo que emite, además, es el mayor sedante que existe.

De hecho, el ronroneo de los gatos no es más que una versión gatuna de los ronquidos humanos, pues lo emiten cuando las cuerdas vocales vibran gracias a un juego especial de músculos. Este ronroneo lo producen a voluntad estando despiertos (y cuando están a gustito). El sonido que se produce tiene hasta 26 vibraciones por segundo y una frecuencia de entre 26 y 44Hz. Son estas bajas frecuencias las que se considera que tienen propiedades curativas muy calmantes y beneficiosas.

Para nosotros los humanos, la fórmula más directa para combatir el agotamiento es lograr un descanso reparador. Conseguir un sueño profundo y restaurador debería bastar para restablecer la energía y estar cada mañana en plena forma y lleno de vitalidad. No obstante, esto no suele ser tan fácil ¿a qué no? Muchas veces la misma tensión no permite que la mente y el cuerpo descansen por la noche.

El tiempo que dedicamos a dormir nos es necesario para continuar viviendo, pues el organismo debe recuperarse del desgaste producido por el día y, así, reponer las células gastadas. Por tanto, dormir es necesario para

mantener tanto el equilibrio físico como el psíquico. La mayoría de las personas duermen durante toda su vida un promedio de veinte años, aunque el tiempo que se dedica a dormir va decreciendo de forma progresiva conforme pasan los años. De promedio, un adulto necesita dormir de 6 horas y media a 8 horas y media diarias.

Hemos de pensar que descansar es una necesidad de nuestro organismo tal como lo es para los gatos. El descanso debe aportar la proporción de actividad y reposo necesarios para que no se produzcan desequilibrios estresantes.

El cerebro emite cuatro tipos de ondas diferentes, cada una con un ritmo propio característico: la onda beta, que refleja el ritmo normal de la conciencia cotidiana; la onda delta, emitida mientras dormimos y mientras soñamos; la onda theta, emitida durante un estado semejante al sueño; y, finalmente, la onda alfa, que refleja un estado de relajación profunda, tanto física como emocionalmente, en el que la mente está relajada a pesar de seguir despierta y alerta. Durante la relajación profunda y la meditación, el cerebro genera ondas alfa y theta.

Muchas veces se hace necesario no esperar a la noche para descansar, ya sea porque no hemos obtenido el reposo necesario o, como es mi caso y el de los gatos, porque es un placer que te regenera. Sí, hablo de la siesta.

La siesta puede ser una cabezada de veinte minutos, suficiente para darte un segundo impulso para quemar la tarde con todas las energías renovadas. Son muchos los beneficios que aporta: menor fatiga, relajación, mejora del humor, mejor desempeño posterior o un estado de alerta más intenso.

Sin embargo, has de observar cómo te sienta a ti ya que las siestas no son para todo el mundo: hay personas que durante el día no pueden conciliar el sueño y una pequeña cabezada les hace sentir más aturdidos. Yo hago una pequeña siesta con Perla a mi lado, ¡y luego me siento como nueva!

Soñar con gatos

Los gatos se han relacionado con lo mágico desde antaño. En China, por ejemplo, se creía que por su capacidad de ver en la oscuridad podían ahuyentar a los malos espíritus, por lo que se ponían (y todavía se ponen) imágenes o es-

tatuillas de gatos dentro de las casas. Además, se pensaba que así se ahuyentaba la pobreza.

De forma similar, en Japón, las imágenes de gatos con una patita levantada, los maneki neko (o «gatos que invitan a entrar»), son símbolo de buena suerte y prosperidad. Según la leyenda japonesa, un hombre rico fue sorprendido por una tormenta y se refugió bajo un árbol que se encontraba frente a un templo muy pobre en el que vivían un monje y su gata. El hombre rico se sorprendió al ver que la gata le llamaba con su pata así que abandonó su refugio y se acercó al templo, para ver que segundos después un rayo caía en el árbol. El hombre rico, agradecido, donó dinero para reparar el templo y, al morir la gatita, construyeron una estatua en su honor.

Por ello, soñar con gatos en general tiene un significado positivo ya que son símbolo de prosperidad y éxito, siendo un buen augurio para el amor y el dinero. Suelen ir relacionados con lo inconsciente, la fuerza imaginativa, lo femenino o con alguna figura femenina. Sin embargo, diferente interpretación debemos hacer si el gato nos araña, en cuyo caso debemos esperar celos o envidias.

Si la persona que ha soñado con gatos les tiene miedo, la presencia de estos puede representar precisamente un miedo inconsciente o problemas con la madre, la pareja o alguna figura femenina.

En la interpretación del sueño hemos de tener en cuenta todos las características que podamos recordar del gato: su aspecto, la edad, la situación y el escenario.

Los ojos de los gatos siempre han sido considerados como misteriosos y mágicos. Soñar con ellos, por tanto, es representativo del inconsciente, del alma, así como de lo misterioso e incluso de lo lunar y femenino. Piensa que a través de los ojos del felino se pueden ver cosas que otras personas no ven, por lo que puedes acceder a conocimientos secretos.

El color del gato también es importante: si el gato es blanco indica buena fortuna, pureza, mientras que si es negro dependerá de la cultura de quien sueña, ya que puede ser asociado a la buena fortuna o a la mala suerte.

Para hacer con tu gato

Tal y como hemos hablado a lo largo de este capítulo, no hay nada como el ronroneo de un gato sobre tu regazo, por lo que en este ejercicio lo que te propongo es que hagas una buena siesta en compañía de tu gato.

Coloca a tu gato sobre tu regazo o a tu lado. Puedes ayudarte cogiendo su mantita favorita. Quizás la primera vez le cueste entenderlo pero en seguida comprenderá que lo que quieres es dormir a su lado.

Concéntrate en su ronroneo e intenta no pensar en nada más. Ya verá como no tardas en caer dormido.

Los gatos negros no dejan indiferente a nadie. En algunas culturas, como por ejemplo en el Reino Unido o Escocia, son símbolo de buenos augurios, mientras que en otras culturas son justo todo lo contrario. Durante la Edad Media, se creyó que **eran ayudantes de las brujas**, así que fueron exterminados y esa mala imagen en torno a los pobrecillos continuó en forma de superstición.

1 Haz micropausas

Descansar es una necesidad de nuestro organismo. Ante estados de estrés o de mucho trabajo, es necesario realizar pausas de entre 5 a 10 minutos cada dos horas, aunque como muchas veces esto es imposible, te recomiendo que hagas las llamadas micropausas, que consisten en pequeños descansos de 10 a 60 segundos de duración. Sí, son realmente cortos pero efectivos.

Para ello, solo tienes que cerrar los ojos y concentrarte en pensamientos neutros o bien observar atentamente todo aquello que te rodea, abstrayéndote de cualquier pensamiento relacionado con la situación que te produce la tensión y manteniendo siempre una respiración adecuada. Y recuerda, una simple pausa de menos de un minuto de vez en cuando hace maravillas. En Japón incluso está admitido echarse la siesta en el trabajo: se llama inemuri y significa quedarse dormido mientras se está presente. ¡Y está bien visto!

2 ¡Adiós al despertador!

Al despertarte, para no empezar el día sobresaltado por el sonido del despertador, irritado y, con toda probabilidad, con el cuerpo ya tenso, puedes intentar hacerlo suavemente de forma natural, cuando tu organismo haya concluido su ciclo. Por eso, sería mejor acudir a medios menos traumáticos que el despertador. ¿Cómo? Un método sencillo y muy eficaz es mantener en nuestra mente, momentos antes de conciliar el sueño, el deseo de despertar a una hora determinada. No esperes que funcione el primer día, pero en breve conseguirás, además, dos objetivos: despertar de forma natural a la hora deseada y, por otra parte, recordar lo soñado.

3 No saltes de la cama

Observa a tu gato cuando se despierta: no salta de su cama rápidamente porque sabe que eso es malo para su cuerpo. Primero abre los ojos lentamente, bosteza, se estira arqueando su columna, se vuelve a sentar y se toma el tiempo que necesita para despertarse.

Y eso es lo que te propongo: estírate tranquilamente, bosteza, dedícale un tiempo a estirar tus músculos y despejar tu mente antes de saltar de la cama y correr a por tu ración de café o de té de la mañana.

4 Acordarte de tus sueños

Cuando ya estés en la cama y a punto de dormirte, repite a tu inconsciente que quieres recordar tus sueños esa noche. Los instantes que separan la vigilia del sueño son los más propicios para influir en el inconsciente, por lo que es entonces cuando debes sugerir a tu mente que quieres recordar los sueños a la mañana siguiente.

Será importante que una vez te despiertes no te levantes de golpe sino que intentes hacer memoria.

5 Registrar tus sueños

Para no perder detalle, te aconsejo que tengas boli y papel en la mesita de noche y que, al

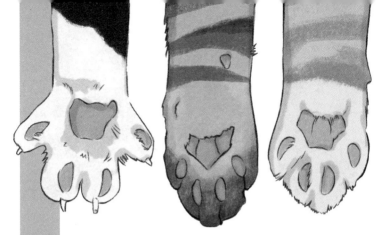

despertarte, apuntes todo lo que recuerdas del sueño. Anota el día y quizás el título del sueño, seguido de una descripción de lo que sucedía en él. Finalmente apunta el resto de observaciones: cómo te sentías, si era en blanco y negro o en color, todo lo que recuerdes.

5

Toca
cuidarse

«A TODOS LOS GATOS
LES GUSTA SER
EL CENTRO DE ATENCIÓN.»

Peter Gray

os gatos son los maestros de la limpieza. Cuando están despiertos, emplean hasta ocho horas en su acicalamiento. Su lengua está cubierta de espinas puntiagudas curvadas en la misma dirección que ayudan a depositar la saliva de la boca en el pelaje para refrescarse (por eso se siente tan áspera). Para ellos este acicalamiento es vital ya que elimina los posibles parásitos, les ayuda a tener una buena higiene corporal (lo que favorece a su vez una buena salud) y les ayuda a conservar un olor corporal neutro. Gracias a esta limpieza su pelaje luce más limpio y sin enredos.

Aunque el título está muy disputado, el gato más viejo del mundo puede ser Creme Puff, que vivió 38 años, seguido por Nutmeg, de 32 años y Rubbie, de 31. Aunque el récord Guiness oficial lo tiene Grand'pa, un sphynx de 34 años y 2 meses, ¡que es el equivalente humano de 152 años!

Aunque no te voy a proponer que dediques tanto tiempo (¡ocho horas!) a tu autocuidado diario, sí que debemos priorizar el cuidado de nosotros mismos que tantas veces descuidamos.

El gato se preocupa por su bienestar por encima de todo. No significa ser egocéntrico o narcisista, sino permitirse anteponer el propio bienestar personal al de los demás ya que, al fin y al cabo, no puedes dar nada a los demás si no sabes dártelo a ti mismo. Cuidarse es la clave de esta habilidad.

No esperes a que otros lo hagan por ti ya que nadie puede saber lo que es más importante para tu bienestar. Por ello, tómate tu tiempo y, como el gato, construye tu territorio, tu zona

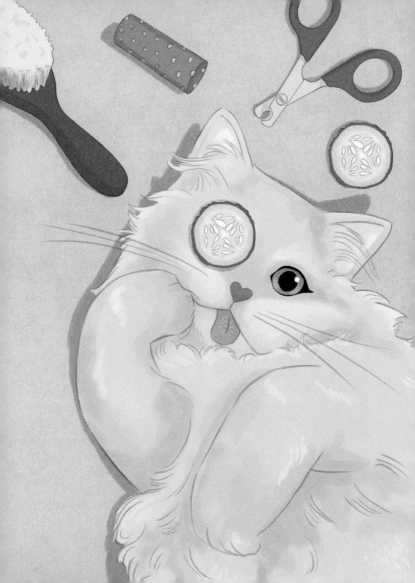

segura de confort, tu bienestar y tu área en la que poder hacer efectivo tu desarrollo personal.

Cultiva los pequeños placeres cada día y no pierdas la oportunidad de darte un momento agradable porque sencillamente te lo mereces.

Tu bienestar depende esencialmente de la calma que muestres a lo largo del día: puedes hacer las cosas tan rápido y eficazmente yendo de forma tranquila y sosegada, que yendo de modo desordenado y corriendo. Tómate el tiempo para desayunar cómodamente, como hacen los gatos, ¡es la mejor forma de empezar la mañana! No vayas de un lugar a otro corriendo como pollo sin cabeza. Intenta tomar el aire a la hora del almuerzo, sal, respira, tómate un descanso y come con lentitud, saboreando la comida.

Y una vez regreses a casa después de tu jornada laboral, no corras a poner la lavadora y a hacer todas esas tareas que tienes acumuladas. Permítete un momento de relax, quizás con un poco de música o un buen libro. Lo mejor es «cortar» el estrés de la jornada. Tanto da si estás solo o acompañado, prepárate una velada agradable, ¡te lo mereces!

En esta época tecnológica rebosante de datos, fotos, vídeos, etc., es complicado disfrutar de sencillamente no hacer nada. Pero, de nuevo, fíjate en tu amigo peludo, es capaz de quedarse mucho tiempo ensimismado mirando el vacío o mirando la ventana sin hacer nada.

Permítete unos minutos al día para la contemplación. Puedes aprovechar para centrar la atención en tu cuerpo, notando cada parte, además de tus sentidos. Los gatos tienen muy presente sus bigotes, con los que captan el entorno a modo de radar. Gracias a los mismos saben si pueden pasar entre una obertura o no, o si pueden evitar un obstáculo que tengan delante. Los bigotes son muy sensibles al más mínimo movimiento del aire y su función es, así pues, informarles del espacio físico que les rodea.

In corpore sano

Nuestros amigos peludos además de descanso y limpieza están muy activos y se preocupan por hacer cabriolas imposibles. Y es que el ejercicio regular puede ayudarnos a mantener no solo el bienestar corporal, pues permite eliminar la tensión acumulada y estimular los órganos vitales, sino también el bienestar mental, ya que dedicaremos un cierto tiempo a abstraernos de las preocupaciones. La práctica constante de ejercicio físico reduce los niveles de estrés debido a la liberación de endorfinas.

Las horas más apropiadas para llevar a cabo el ejercicio dependerán de cada uno. No debes estar especialmente cansado, ya sea mental o físicamente y recuerda que es aconsejable no comer al menos una hora y media antes de realizar cualquier ejercicio, pues si el cuerpo se encuentra en plena digestión, puede perder reflejos y embotarse la mente.

Teniendo en cuenta estas condiciones, escoge un momento apropiado y procura que siempre sea el mismo, pues así tanto tu mente como tu cuerpo se adaptarán mejor a la disciplina de los ejercicios y obtendrás resultados óptimos.

Para hacer con tu gato

Aunque los gatos son muy limpios, no está de más ayudarles en esa limpieza, por lo que en este ejercicio te propongo que disfrutes de cepillar a tu compañero peludo. No solo le ayudarás a librarse de pelo muerto que no tendrá que ingerir sino que además reforzarás vuestros lazos afectivos.

Compra un buen cepillo para gatos que no le haga daño (escógelo según tenga el pelo corto o el pelo largo), los hay que incluso tienen púas de goma para masajear.

Elige un lugar cómodo para ambos, que no quieres dejarte la espalda en el intento… Y elige también el momento en el que lo veas tranquilo y dispuesto.

A continuación, cepíllale el cuerpo y disfruta.

1 Baño de espuma

Llénate la bañera, ponte bombas de espuma o alguna esencia perfumada y disfruta de un tiempo de relax para ti. Crear un entorno adecuado es importante, por lo que si lo puedes acompañar con música relajante y una luz tenue el efecto será más relajante. Coloca unas velitas y prepárate esas toallas limpias que huelen tan bien.

Y si no tienes bañera, date una ducha bien relajante con jabones especiales, a ser posible con algún aceite esencial y con un relajante masaje de cabello. ¡Ya verás que bien te sientes!

2 Aromaterapia

Uno de los métodos más sencillos para disfrutar de la aromaterapia es añadir unas gotas de aceite esencial en la bañera. Cuando inhalamos los vapores de dicho aceite esencial, sus propiedades curativas penetran en el organismo, a través de la nariz, proporcionando un efecto reparador y favoreciendo el sueño y la relajación.

Los aceites que puedes emplear para este baño aromático son los de lavanda, manzanilla, mejorana, esclarea, rosa, palo de rosa, sándalo, pachulí y melisa, entre otros. Puedes utilizarlos solos o en combinación, pero sin sobrepasar las ocho gotas de aceite, pues, a pesar de que están elaborados con sustancias naturales (flores, cortezas o hierbas), en exceso pueden provocar una irritación de la piel.

3 Infusiones y zumos naturales

Prepárate una infusión de hierbas y flores bien calentita, relajará tu organismo, favorecerá el sueño y ayudará a conseguir un descanso reparador. También puedes probar con un zumo natural. Prueba el de zanahoria y apio, el de zanahoria y plátano o el de avena y pera madura. ¡Están riquísimos!

4 Hidrátate

El agua es necesaria para nuestro organismo por muchísimas razones: elimina las toxinas, regula nuestra temperatura corporal, colabora en nuestro proceso digestivo, transporta los nutrientes esenciales y el oxígeno a nuestras células, es esencial para que nuestros sentidos funcionen correctamente, etc.
Por ello, bebe agua durante todo el día, ¡no te olvides!

5 Automasaje

El automasaje es una técnica muy sencilla que puede aliviar la tensión y vigorizar todo el organismo. Siéntate cómodamente y presiona suavemente la sien con ambas manos, trazando círculos pequeños, primero en un sentido y después en el otro. Mueve las manos hacia atrás, dirigiendo los círculos hacia la base del cráneo. A continuación y sin dejar de hacer círculos, regresa a las sienes y finaliza en la frente.

6

Comidas
sabrosas

«LOS GATOS SON EXPERTOS
EN EL CONFORT.»

James Herriot

a l contrario que Garfield y sus míticas lasañas, los gatos son carnívoros por naturaleza. En realidad son depredadores y necesitan tener un gran aporte de proteínas para gozar de una buena salud, más que los perros y por supuesto más que los humanos.

A los gatos les encanta la carne y el pescado, aunque no hacen ascos a las judías o a otras verduras (¡depende del gato!) ya que también necesitan una fuente de fibra. Sin embargo sus preferencias provienen en parte de la alimentación que tuvo su madre durante la gestación y el periodo de lactancia. Así, si la madre se alimentaba de comida húmeda, el gatito se sentirá más atraído hacia dicha comida.

Los gatos son capaces de percibir la temperatura de los alimentos gracias a su sensible nariz, ¡con una precisión de 0.5°C! Los receptores que tienen en las fosas nasales les permiten incluso saber la distancia a la que está el alimento en cuestión.

La alimentación es la clave para una buena salud, eso ya lo sabemos. No es cuestión de hacer dieta como tal, a no ser que seas como Garfield y te alimentes solo de lasaña, sino de llevar una dieta equilibrada.

Aunque quizás tengas el tema un poco aburrido, no está de más recordar los principios súper básicos de una alimentación equilibrada:

- Comer fruta y verdura fresca en abundancia, por su alto contenido en vitaminas, fibra, agua y minerales.
- Ingerir pequeñas cantidades de pescado y carnes magras. Poseen un alto contenido de ácidos grasos esenciales que previenen el colesterol y las enfermedades coronarias.
- No descuidar los cereales, el pan integral, el arroz integral y las legumbres.
- También deben estar presentes pequeñas cantidades de productos lácteos desnatados y yogur.
- Aderezar y cocinar con aceite de oliva.
- Eliminar en lo posible los alimentos procesados y empaquetados.
- Reducir el consumo de azúcar y de productos azucarados, pues provoca un exceso de energía de forma inmediata.
- Reducir el consumo de sal.
- Reducir el consumo de alcohol.
- Y, sobre todo, beber como mínimo un litro y medio de agua al día.

En tu caso puede ser que alimentes a tu amigo peludo con croquetas, patés o cocina casera, pero el principio será darle una buena alimentación basada sobre todo en proteínas, con algo de lípidos, fibras, minerales, vitaminas, oligoelementos e hidratos de carbono. También le puedes aportar alguna planta para comer como la hierba gatera, que vuelve locos a muchos gatos.

Pero al contrario que nosotros, es muy bueno que jueguen con su comida ya que les puede ayudar a limitar el aumento de peso. Una buena idea es que el gato trabaje para conseguir sus croquetas (con juguetes interactivos, por ejemplo), de forma que las coma de una en una, en vez de cuatro en cuatro.

La hierba gatera es una planta parecida a la hierbabuena (y que huele a menta) que provoca una fuerte reacción en la mayoría de gatos: se suelen frotar contra ella rodearla, olerla, lamerla y comerla. Les estimula física y mentalmente. Tiene tantos beneficios que algunos juguetes y accesorios para gatos la incorporan para incitar al juego y animar al gato a realizar ejercicio.

El arte de saborear

Pero el truco para disfrutar de una alimentación salu-
dable, tal como he ido diciendo a lo largo de este libro, es detenerte a saborear. Es decir, saborear cada bocado, ser consciente de su sabor, de su olor, de su textura y de su color. No devorarlo mientras estamos pendientes del móvil o de la televisión. Así no somos conscientes de lo que comemos. Por el contrario, si te acostumbras a realizar este ejercicio de *mindfulness* o también llamado *mindful eating* cuando desayunes, almuerces y cenes, disfrutando de tu comida sin interrupciones, verás cómo percibirás mucho más los sabores, los olores y te saciarás más.

Para ello, haz una respiración profunda antes de comen-zar a comer. A continuación come poco a poco, masticando despacio y, si puedes, cerrando los ojos para estar más atento a tus sentidos (aunque durante el desayuno no te aconsejo que los cierres o corres el riesgo de volverte a dormir). Observa si tus pensamientos se centran en el acto de comer o si vagan a otras cosas. Deja de comer cuando te sientas satisfecho, no cuando estés lleno.

Los gatos son incapaces de percibir el sabor dulce ya que no poseen los receptores necesarios para ello en las papilas gustativas. Puede ser un sistema de autodefensa ya que en realidad les sienta muy mal y pueden producirles daños en su sistema digestivo: tanto gases como, en última instancia, cólicos.

En cambio, sí perciben el sabor ácido, lo que les permite detectar alimentos en mal estado. Quizá por eso detestan las mandarinas y los cítricos en general. En realidad si no lo has experimentado con tu gato seguro que has visto más de algún vídeo: en muchos casos el olor de los cítricos les suele producir náuseas.

Para hacer con tu gato

El clásico juego de los vasitos con una pelotita escondida se puede adaptar para que lo hagas con tu gato, ¡ya verás qué divertido!

Coge tres vasos de plástico o de cartón que sean iguales y premios que sean muy sabrosos y que tengan mucho olor.

Con tu gato delante, coloca uno de los vasos sobre un premio y mueve el vaso junto con los otros dos.

Deja que tu gato huela los tres vasos y tire el que contiene el premio. ¡No se vale tirarlos todos!

Juega un rato mientras tu gato siga atento a tus movimientos y entretenido.

Aquí tienes tres recetas fáciles y sencillas con las que podrás recrearte en los diferentes sabores y texturas.

1 Ensalada de tomates cherrys

INGREDIENTES: *ensalada (o rúcula si lo prefieres), pepino, germinados, perlas de mozzarella o mozzarella fresca cortada, nueces, aceite de oliva virgen, vinagre de Módena.*

Lava la ensalada, corta el pepino en dados, añade germinados y perlas de mozzarella o mozzarella cortada, las nueces, los tomates (si los dejas sin cortar, explotarán en tu boca al morderlos) y aliña todo con el aceite de oliva y el vinagre de Módena.

2 Lubina al horno con verduras

INGREDIENTES: *1 lubina, zanahoria, pimiento, calabacín, brécol, 1 ramita de romero*

Precalienta el horno a 180°C y mientras corta las verduras a rodajas. Limpia y descama la lubina (o pide que te lo hagan en la pescadería) y salpimiéntala. Pon las verduras en una fuente y deja cocer unos 20 minutos, luego añade la lubina y la ramita de romero y cuece todo otros 20 minutos más.

3 Salmón a la plancha con ensalada de aguacate

INGREDIENTES: *salmón, tomate, aguacate, limón, aceite de oliva*

Corta el aguacate y el tomate, riega con el limón y con un cho-

rrito de aceite de oliva. Calienta la sartén y haz
el salmón a la plancha, unos dos minutos por
cada lado.

4 Receta 1: Sardinas

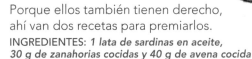

Porque ellos también tienen derecho,
ahí van dos recetas para premiarlos.

INGREDIENTES: *1 lata de sardinas en aceite,
30 g de zanahorias cocidas y 40 g de avena cocida*

Cuece las zanahorias y reserva 30 gramos,
mientras cueces la avena y reservas también 40
gramos. Deja que se enfríe y mezcla junto con
las sardinas. ¡Ya está!

5 Receta 2: Pollito

INGREDIENTES: *Pollo y zanahorias*

Hervir el pollo deshuesado y las zanahorias.
Mezclar bien y conservar la mezcla en la nevera.
¡Los gatos adoran el pollo!

7

Filosofía
gatuna

«LOS GATOS TIENEN UNA ABSOLUTA HONRADEZ EMOCIONAL; LOS SERES HUMANOS, POR UNA RAZÓN U OTRA, PUEDEN OCULTAR SUS SENTIMIENTOS, PERO UN GATO NUNCA LO HARÁ.»

Ernest Hemingway

os gatos son los grandes profesionales de la cortesía y el recibimiento. Y si no que se lo digan a Larry, que ostenta el título de Jefe Ratonero de la Oficina del Gabinete del número 10 de Downing Street, residencia de la presidencia del Reino Unido. ¿Sus funciones? Alejar a los ratones, recibir a los invitados y comprobar la comodidad de los muebles para hacer siestas. Otro ejemplo es el célebre Socks, el gato del ex presidente de los Estados Unidos, Bill Clinton, conocido por colarse en más de un acto público.

Los gatos no necesitan maullar, saltar o hacer cabriolas para sobresalir: solo su presencia entrando en una habitación les garantiza ser el centro de atención de todas las miradas. Los gatos jóvenes maullarán, pero los demás se acercarán a todos los invitados ofreciéndoles la posibilidad de poder acariciarlo. Incluso el gato que vemos por primera vez se convertirá en el foco de nuestra atención por la tranquilidad con la que se acerca a nosotros. Ya lo dijeron los antiguos persas, que lo gatos habían nacido del estornudo de un león, y con la elegancia de ese felino parece que se muevan. Otra cualidad de los gatos es que se saben imponer de forma dulce pero poderosa. ¿Cómo? Muy sencillo, haz este ejercicio si tienes un gato y hace un rato que no juegas con él: coge un periódico o tu ordenador portátil y disponte a leer o a trabajar. Ya verás cómo tu gato se verá atraído y al momento estará encima de sus páginas o se paseará por encima del teclado como si hubieses abierto una deliciosa latita de atún. Cuando el gato sabe que lo vamos a abandonar unas horas para enfrascarnos en la lectura o en el trabajo, se impone en silencio para que lo acariciemos.

Piénsalo, un poco de esa capacidad de afirmación a todos nos sienta bien. A menudo no sabemos reafirmarnos ante los demás y «reclamar» nuestro espacio, muy al contrario, dejamos que nos invadan nuestro espacio sin ser capaces de quejarnos o decir nada. Saber imponerte de forma tranquila (casi gatuna) y defender tu espacio en esas ocasiones que lo requiera te aportará muchos beneficios, tales como:

🐾 Conservar tu energía emocional.
🐾 Mantener tu identidad personal y tu intimidad.
🐾 Mejorar tus relaciones personales y empoderarte.

A su gran flexibilidad física se suma una curiosidad natural que convierte a los gatos en verdaderos maestros para nosotros. Si seguimos su ejemplo podemos desarrollar una actitud más flexible ante la vida y encontrar el lado positivo de cada situación. Los pensamientos ejercen un efecto sobre todo lo que nos rodea, pudiendo aumentar de forma desproporcionada los problemas o ayudándonos a buscar las soluciones a los mismos. Por ello, tener una

actitud positiva nos ayudará tanto a aceptar la realidad de una situación, como a poder afrontar después todo posible imprevisto o dificultad sin por ello padecer tensiones o angustias.

Pero si algo caracteriza a los gatos es su reconocida independencia. El gato no es un animal que viva en una jerarquía social, como es el caso de los perros, sino que tradicionalmente los machos vivían y cazaban solos. Eso no significa que no les guste estar en compañía de otros gatos o de otros humanos, sino que, sencillamente, a veces no nos necesitan.

¿Y quién dice que no pueden hablar? Desde el miau lastimero hasta el *marramau* exigente, pasando por el bufido de advertencia y el ronroneo de placer, los gatos saben expresar claramente sus exigencias a sus dueños, perdón, a sus humanos, sin que quepa ninguna duda de qué quieren.

Es algo ya innato, pero despliegan su lenguaje con la posición del cuerpo, de su cola y de sus orejas, así como con sus pupilas, sus bigotes y sus vocalizaciones, ¿El resultado? Aunque seas novato en el tema no te preocupes, sabrás interpretar sin problemas los mensajes que te «dicen».

Los gatos hacen **un movimiento de amasar con las patas delanteras**, estirando los dedos y flexionándolos, cuando están muy relajados y a gustito. Suelen hacerlo con las mantas o incluso con tu espalda o tu regazo.

Aprender a ser uno mismo

Los gatos se aceptan a sí mismos y están orgullosos de lo que son. A diferencia de ellos, los humanos a veces no somos capaces de aceptarnos a nosotros mismos, lo que solo conduce al dolor y a la decepción. Todos nacemos diferentes y algunos de nosotros estamos insatisfechos con nuestro cuerpo, nuestra condición o nuestra posición social. No nos gustamos a nosotros mismos y a menudo deseamos ser otra persona en lugar de aceptarnos tal como somos.

Ponte delante del espejo y dedícate unas frases positivas. Deben ser oraciones sencillas y concisas, utilizando la forma verbal del presente y no la del futuro. No debes formular afirmaciones que puedan conducir a un mayor estrés, como podrían ser: «Siempre soy puntual» (¿y si un día no lo soy?) o «Nunca cometo errores» (errar es humano...). Son más aconsejables las frases del tipo: «Soy fuerte», «Confío en mis capacidades» y «Puedo alcanzar mis objetivos», etcétera.

Aunque no podemos cambiar algunos de los acontecimientos que nos suceden en la vida, sí podemos cambiar nuestra reacción ante éstos. Sustituir nuestra voz interior desde el negativismo al positivismo, te ayudará a percibir la parte buena de cada situación y a aumentar tu autoestima.

Practica esta técnica en todas aquellas situaciones que te provocan un estado de ánimo negativo de forma habitual. Ya verás cómo cuando hayas adquirido el hábito de darte cuenta de tus pensamientos negativos y sustituirlos por afirmaciones positivas, serás capaz de hacer estas afirmaciones de modo automático. Esto te proporcionará un profundo efecto calmante cuando estés en un estado de crisis o tensión. Aunque reconozcas tus errores, el hecho de felicitarte por cualquiera de tus éxitos, por más mínimos que sean, te aportará confianza en ti mismo, te ayudará a reafirmar tu propia identidad y te permitirá relativizar y no ver tus errores como catástrofes.

Para hacer con tu gato

Quizás te sorprenda, pero los **gatos también saben jugar a la pelota y traerla.** Son muy independientes pero también disfrutan con este clásico juego así que no piensen que solo es cosa de perros.

Ármate de una pelota que le guste y de unas cuantas chuches.

Lánzale la pelota y, cuando lo haya hecho, prémiale con una golosina.

Ya estás listo para enseñarle el siguiente paso: a traerte la pelota. Necesitarás tiempo pero créeme, lo conseguirás.
¡Conozco muchos gatos a los que les encanta este juego!

1 Diario de gratitud

Dedica cinco minutos al día a dar gracias. Puedes hacerlo en voz alta, aunque obtendrás más beneficios llevando un diario de gratitud. Existen en el mercado diarios de gratitud como tales, pero puedes hacer servir una libreta o cuaderno que te atraiga. Vas a escribir en él durante muchos días, así que elige hojas en blanco o con líneas según te sientas más cómodo. Si no eres de papel, elije una aplicación o abre un nuevo documento en tu ordenador.

Una vez comiences, no hace falta que escribas mucho: puedes poner la fecha y una lista de todo aquello por lo que ese día te sientes agradecido. Cuanto más específico seas, mejor. Por ejemplo, en vez de poner «mi gato» es mejor poner «la forma en la que ronronea mi gato». Personalmente, escribo diez cosas por las que estar agradecida. Quizás al principio te cueste llegar a este número, pero ya verás como con la práctica entrenarás a tu cerebro para recibir más información positiva. Y es que la práctica diaria de la gratitud altera la tendencia de nuestro cerebro a fijarse solo en lo negativo.

2 Rompe la monotonía

Aunque mantener una rutina
diaria es muy beneficioso para
nuestra salud física y mental,
también lo es saber romperla
de vez en cuando. Para ello
te propongo que te bajes
una parada antes en tu camino al trabajo (o en tu vuelta),
que varíes tu camino habitual o que desayunes
en un local diferente. La cuestión es saber adap-
tarte también a los cambios.

3 Queda con amigos

Sí, seguramente ya lo sabías, pero quedar
con amigos o familiares tiene muchísimos
beneficios para la salud mental ya que mejora nuestra calidad de vida, aumenta nuestro
bienestar emocional y mejora nuestras habilidades cognitivas, entre otros.

4 Terapia con árboles

Los «baños forestales» o shinrin yoku, son una
terapia japonesa que cada vez está ganando
más adeptos. Consiste en pasear de forma
consciente por el bosque, tomando atención

a nuestros sentidos y a nuestra respiración. Estos paseos tienen muchos efectos benéficos en el sistema inmunitario, reducen los niveles de ansiedad y estrés, y activan las áreas cerebrales relacionadas con el placer y la emoción. Si además te paras a abrazar un árbol, estarás llevando a cabo una antigua terapia que se remonta a los celtas.

5 Voluntariado

No es necesario realizar grandes acciones para comenzar a sentir los beneficios que trae consigo hacer voluntariado. Puedes empezar por pequeñas acciones solidarias como donar ropa o juguetes, llamar por teléfono a personas que están solas, pasar tiempo con personas ancianas, etc. Se ha comprobado que el voluntariado mejora la salud física y mental, disminuye el riesgo de depresión, mejora los niveles de colesterol y la salud cardiovascular, entre muchos otros beneficios.

8

¡A jugar!

«CUANDO JUEGO CON MI GATA,
QUIÉN SABE SI EN REALIDAD
NO SOY YO QUIEN LE SIRVE
A ELLA DE PASATIEMPO.»

Michel de Montaigne

Como ya hemos dicho, los gatos aprecian mucho las novedades, entendiendo como tales un juguete último modelo o una simple bolsa de papel. Saben incluso apreciar cualquier hoja o pelusilla para jugar. En realidad, suelen estar constantemente divirtiéndose ya que su enorme curiosidad y su instinto cazador les hacen buscar ocasiones de juego con cualquier cosa.

Sabrás que está en modo juego cuando se acerque con la cola levantada y temblando ligeramente («hola, estoy contento») o levantada y oscilando de derecha a izquierda de forma suave («quiero jugar»). Pero vigila, si su cola azota el aire de izquierda a derecha es que están molestos, al contrario que en los perros.

Aunque a veces los gatos son muy independientes, es fundamental jugar con ellos a diario. Si tiene menos de dos añitos será vital para fortalecerle física y mentalmente y, si ya tiene más edad, resultará esencial para evitar la pérdida de masa muscular.

Sobre todo no intervengas cuando **el gato tiene la cola y todo su pelo erizado** («estoy enfadado, voy a atacar»), o cuando por el contrario está encogido con la cola entre las patas («tengo miedo») ya que si se siente acorralado puede pasar al ataque.

El juego anima a tu gato a estar activo y evitar el sedentarismo, lo que ayuda a mantener un peso corporal saludable y unos músculos fuertes. Las actividades de caza le permitirán expresar su instinto natural y le ayudarán a tener la mente activa.

Elige un juguete que parezca una presa, como un plumero o un peluche atado a un hilo, la cuestión es que se parezca a un ratoncillo moviéndose. También sirven los punteros de luz o las pelotas si las haces rodar de forma enérgica por el suelo. Sobre todo vigila que el juguete no sea pequeño o muy blando ya que tu gato podría romperlo y tragarse los trocitos.

Pero no pienses que solo se verá él recompensado, jugar con tu mascota mantiene sano tu corazón, potencia tu aprendizaje, ayuda a aliviar el estrés, ayuda a gestionar y transformar emociones negativas ¡y seguro que te hará reír!

Aunque tu gato sea doméstico, sigue teniendo el instinto cazador de los felinos en sus venas. En nuestra vida urbana, no es normal que los gatos nos hagan «regalos» ya que muchos no tienen acceso a jardines o no salen al exterior, sin embargo, no por ello han perdido dicho instinto y eso lo puedes apreciar en su modo de juego.

A mi gata por ejemplo le gusta localizar su presa y, una vez la tiene en su punto de mira, se agazapa y se arrastra lentamente hasta que considera que está a una distancia oportuna. Luego salta dispara y corre hacia ella. ¡Le encanta hacer esto con los cables que

se mueven! Otros en cambio prefieren hacer emboscadas, escondiéndose con suma paciencia hasta que su presa pasa delante de ellos, momento en el que saltan sobre ella, ¡zas!.

Risoterapia y otras diversiones

Ya sean pequeños o ya adultos, los gatos nos brindan muchas ocasiones para que nos divirtamos con ellos y, así, nos liberemos del estrés. Y en eso consiste precisamente la risoterapia, que es una técnica que busca generar beneficios mentales y emocionales a través de la risa.

Con un ejercicio tan sencillo como reír, ponemos en acción numerosos músculos de nuestro cuerpo, liberando, además, las tensiones y preocupaciones acumuladas. Por ello, reírse con ganas durante un espacio de tiempo resulta muy beneficioso y relajante. Reírse con ganas también libera en nuestro cuerpo endorfinas, dopamina y serotonina, lo que nos ayudará a descargar la tensión acumulada y a combatir el estrés y la ansiedad.

Los expertos, además, recomiendan la risa en el ambiente familiar porque a los beneficios anteriores le suma el de mantener unas relaciones sanas basadas en la confianza, la cooperación y la proximidad.

Para hacer con tu gato

Tal como hemos comentado, los gatos son cazadores por naturaleza por lo que qué mejor que cubrir esa necesidad mediante el juego.

Hazte con una caña de pescar para gatos, es decir, una caña con un hilo y unas plumas o tiras de tela de colores. Hay muchas en el mercado pero puedes construirte una de forma muy fácil con unos trozos de tela o de lana.

Si puede ser ten varias y deja que tu compañero felino elija la que más le guste o con la que le apetece jugar ese día.

Fija un tiempo de juego para cada día y disfruta con tu minino moviendo la caña y haciendo que la persiga, aunque debes dejarle que la capture de vez en cuando o si no se frustrará.

1 El escondite

Existen muchos juegos a los que puedes jugar con tu gato, pero el escondite es un clásico que nunca falla. A Perla le gusta mucho que me esconda y la llame, me encuentra enseguida. A veces incluso se esconde ella después para que la encuentre.

DÓNDE ESTARÁ
MI MICHIII...

2 ¡A bailar!

Escoge una canción que te parezca divertida o alegre y busca un sitio donde estés cómodo (y quizás prefieras que esté aislado de las miradas). Dale al *play* y déjate llevar por la música, sintiendo cómo la energía positiva invade todo tu cuerpo. Si puedes, no olvides sonreír.
El baile mejorará tu estado de ánimo, así como la confianza en ti mismo y aumentará tu autoestima. ¡A bailar!

3 Muecas

Para este ejercicio colócate en el espejo y haz las muecas más estrafalarias que se te ocurran. Si quieres divertirte más, haz un círculo con los miembros de tu familia y pasa la mueca a la persona que tienes a tu derecha y así sucesivamente.

4 A reírse con las vocales

Inspira profundamente y ríete con la vocal «a», ampliamente (jajajajaja). Luego repítelo con la «e», con la «i», con la «o» y por último con la «u». ¿Cuál prefieres?

5 Yoga de la risa

El Hasya Yoga o *laughing yoga* es un tipo de yoga que consiste en hacer una serie de ejercicios que promueven la risa intencionada, aunque no se sienta, ya que el cuerpo no puede distinguir entre una risa forzada y una verdadera. Es diferente a la risoterapia pues combina los estiramientos suaves, los ejercicios de respiración de yoga y la meditación. Descubierto en 1995 por el Dr. Madan Kataria, este yoga ya tiene muchos adeptos y centros de enseñanza en todo el mundo.

9

Observa
tu territorio

«EL TIEMPO PASADO CON LOS GATOS
NUNCA SE DESPERDICIA.»

Sigmund Freud

Como todo dueño (o acompañante, mejor dicho) de gato sabe, la casa no es solo el espacio horizontal que habitamos sino también se ha de tener en cuenta el espacio vertical, las alturas, a las que nuestro amigo peludo querrá acceder para explorar o para dormir una buena siesta. Es su territorio y así lo demostrará enroscando la cola y frotándose contra los muebles y contra, básicamente, todo, incluyéndote a ti.

El gato tiene glándulas odoríferas en la frente, bajo la barbilla, alrededor de las orejas y en la base de la cola. Al frotarse deposita su olor tanto en otros gatos, como sobre ti o sobre los muebles.

Claro que también lo podrá marcar arañando con las patas delanteras, aunque esa necesidad de afilarse las uñas se puede intentar desviar proporcionándole un rascador.

Si quieres hacer feliz a tu gato, proporciónale un árbol para gatos lo suficientemente alto como para que llegue arriba y se sienta a gusto. A ser posible, colócalo cerca de una ventana para que pueda ver el exterior. Piensa que a todos les gusta encaramarse a lugares elevados, como por ejemplo a árboles o plataformas desde las que puedan ver fácilmente a sus presas.

A la vez, necesitará un rincón recogido en el que sentirse seguro y protegido, como un túnel de juego (puedes encontrar muchos accesorios en las tiendas) o una caja de cartón medio cerrada.

¡A mi gata Perla le encanta hacerse un ovillo en los cajones de la cómoda!

Faltará poner su cesta y el cajón de arena, que debe colocarse en el lugar preferido por tu gato para tales menesteres (te hará saber cuál es ese lugar, créeme), nunca muy oscuro y por supuesto tampoco muy ruidoso.

Por último, no olvides las plantas: excepto la hierba gatera, la mayoría resultan tóxicas para los gatos, por lo que es mejor evitarlas en casa.

Con esto tendrás la casa adaptada para tu amigo felino, pero faltará ver los aspectos más «humanos» para que también sea agradable para nosotros.

Feng Shui es un método oriental centrado en la búsqueda de la armonía entre el individuo y la energía universal. Esta técnica analiza la disposición de los elementos de diseño, muebles y enseres para lograr un equilibrio que favorezca el bienestar. Según este antiguo arte chino, cada parte de la casa representa una parte de nuestras vidas y, por ello, estimulando o calmando el qi de una zona podemos lograr una armonía perfecta. Asimismo, según la medicina china, el bienestar físico y espiritual está íntimamente ligado al equilibrio de la energía qi del cuerpo.

Tanto si «sigues» el feng shui al pie de la letra como si no, te propongo una serie de consejos a tener en cuenta en tu hogar para que sea más cómodo y relajante.

🐾 El factor más intenso del estrés es el ruido, de forma que, sufriendo exposiciones durante largos períodos de tiempo, pueden verse reducidas tanto la capacidad de concentración como la de aprendizaje. Por ello, es aconsejable evitar los ruidos estridentes e intentar aislar la casa de los ruidos externos, ya sea utilizando alfombras o colocando ventanas de doble vidrio.

SEGÚN EL FENG SHUI LOS GATOS AYUDAN A QUE LA ENERGÍA QI FLUYA EN LA CASA, ADEMÁS DE CONTRIBUIR AL BIENESTAR GENERAL DEL HOGAR Y DE LAS PERSONAS QUE VIVEN EN ÉL.

🐾 La iluminación de las diferentes habitaciones de la casa debería adecuarse a las actividades que en ellas realizamos. Cabe tener en cuenta que la falta de luz natural provoca un exceso de melatonina, por lo que es recomendable utilizar una iluminación natural.

🐾 El aire acondicionado y la calefacción provocan un exceso de iones positivos en el aire, por lo que es recomendable mantener los espacios ventilados o bien utilizar un ionizador, que mantendrá el aire fresco y cargado de iones negativos.

🐾 La propia elección de los muebles es muy importante, especialmente en los lugares donde vamos a descansar, por lo que es recomendable elegir con cuidado tanto el somier como el colchón. Por otra parte, debemos elegir una mesa y unas sillas que nos permitan mantener una postura adecuada, ya que esto nos ahorrará esfuerzos y tensiones físicas.

🐾 Y no olvides reservar un espacio personal para poder hacer tus ejercicios de relajación o para tener un espacio de intimidad.

Una casa ordenada y recogida mejorará el feng shui y evitará además, que el gato pueda arañar o romper objetos de valor o a los que tenemos cariño. Por ejemplo, es una buena idea guardar los zapatos de cuero en un armario, ya que tu gato puede sentirse atraído a arañarlos así, como quien no quiere la cosa.

En la cocina, una repisa recogida sin alimentos a la vista evitará que el gato pueda acceder a ellos. Piensa que hay muchos alimentos que consumes que en realidad son perjudiciales para ellos.

Recuerda, no dejes a su alcance los siguientes alimentos ya que son tóxicos para los gatos: chocolate y alimentos muy azucarados, aguacates, frutos secos, uvas, cebolla, ajo y puerros, patatas crudas, setas y, aunque es evidente, alcohol.

¿Y de vacaciones?

Las vacaciones pueden ser un momento muy estresante para tu gato aunque hay multitud de combinaciones posibles y no existe una regla absoluta. Analiza su carácter, su comportamiento, y te darás cuenta de cuál es la mejor opción a adoptar en el caso de tu amigo felino mientras tú disfrutas de las vacaciones. De todas formas, piensa que a un gato en general le molestará menos quedarse en casa, con su rutina y su territorio, que irse de un lado a otro, por lo que quizás sea buena idea plantearse la pregunta: ¿podrá considerarlo una segunda casa? ¿Podrá establecer un territorio?

Si no es muy marcador, temeroso y no está muy apegado a su territorio puedes llevártelo, pero si por el contrario es muy territorial y miedoso, es mejor dejarlo.

Para hacer con tu gato

Durante las vacaciones, sobre todo si es vuestra primera vez, es mejor que no alteres mucho a tu gato y que le dejes tomárselo con calma. No es momento para masajes ni juegos estresantes, aunque tengas muchas ganas de interactuar con él.

Una vez esté acostumbrado y ya considere el lugar de vacaciones como su segundo hogar, sobre todo si repetís sitio o si es una segunda residencia, podrás hacer «vida normal».

Para evitar posibles riesgos, además de llevar microchip, es una buena idea que le regales un collar con una plaquita con tu número de teléfono.

1 Ordena tus armarios

Sí, lo sé, no es un ejercicio muy apetecible, pero te aseguro que es muy beneficioso y, si lo haces bien, no lo has de repetir en muchos meses. Ya sea porque sigues a Marie Kondo o el feng shui, es vital deshacerte de todo lo que no necesitas para renovar la energía y que fluya adecuadamente. Aparta lo que ya no te pones y dónalo.

2 Ordena el comedor

De nuevo, el desorden puede interrumpir la energía positiva y la productividad, además de que puede dificultar que tu gato se pasee libremente por «su» territorio. Por ello, mantén todo organizado, con los objetos guardados en su sitio.

3 Construye un árbol para tu gato

Si se te da bien el bricolaje, puedes intentar montar por ti mismo un árbol para tu mascota. Le proporcionará horas de entretenimiento y diversión y estará más adaptado a tu hogar y a tu gato que los que puedes comprar en las tiendas.

4 Construye un rascador

Del mismo modo, en Internet puedes encontrar muchas ideas para construir tú mismo un rascador para tu gato. Te divertirás un rato haciendo manualidades, a la vez que le proporcionas algo tan necesario y básico para tu amigo peludo.

5 Siéntete a gusto en tu propia casa

Al igual que es importante acondicionar la casa para que el gato se sienta cómodo, no te olvides de ti. Debes sentirla como tu hogar, ese entorno relajante y a la vez vital al que da gusto volver después de un duro día de trabajo. Por ello, obsérvala atentamente. ¿Hay algo que cambiarías?

10

Intuición
felina

«NUNCA CONVENCERÁS A
UN RATÓN DE QUE UN GATO NEGRO
TRAE BUENA SUERTE.»

Graham Greene

Ya desde la antigüedad los gatos han sido tan admirados que se les ha dotado de poderes sobrenaturales. Los egipcios lo vieron en la diosa Bastet, con cabeza de gato, símbolo de la fecundidad y de la belleza, así como de la noche, la Luna y lo misterioso. Para los romanos, la diosa Diana, asociada a la caza y a la Luna, se podía convertir en un gato.

En la mitología escandinava, la diosa Freya, también diosa de la fertilidad, del amor y de la belleza, conducía un carro volador a través de los cielos tirado no por caballos sino por una pareja de gatos. Estos gatos eran de la raza bosque de Noruega o gatos azules, caracterizados por ser muy fuertes, de pecho ancho y abundante pelaje.

El gato estaba por tanto ligado a lo femenino, a la Luna, a la noche, a las mareas, al ciclo menstrual, a la fecundidad y a la maternidad, y a los niños y niñas en general. Como animal nocturno se le relacionaba con lo inconsciente, con lo sobrenatural, con la magia y con todo lo misterioso. Según una leyenda irlandesa, los ojos de los gatos eran ventanas que permitían ver el otro mundo y los seres mágicos que lo poblaban.

Una leyenda escocesa muy misteriosa sitúa un reino paralelo en el que los gatos viven como personas, caminan de pie y tienen a un rey, el llamado Rey de los Gatos que, al morir, se reencarna en otro gato que pasa a ocupar su trono.

Al observar a los gatos, los antiguos creían prever el tiempo y el futuro. A esto se le denomina felidomancia o ailuromancia (del griego *aílouros*, gato, y *mancia*, adivinación). Así, se creía que si el gato se lava la cara o las orejas era indicio de que pronto llovería, del mismo modo que si el minino acercaba la cola al fuego quería decir que el tiempo iba a cambiar a lluvioso o incluso a heladas. Si el gato se acurrucaba con la frente en el suelo, indicaba que se produciría una tormenta muy pronto y si estornudaba, era signo claro de que iba a llover (en cambio, si estornudaba tres veces seguidas, toda la familia sufriría resfriados).

El gato también podía advertir que venían visitas si se lavaba la cara sobre el oído izquierdo. Si se lavaba una oreja tres veces, el visitante vendrá de la dirección en la que mira el gato.

Y seguro que conoces la universal creencia que aún hoy perdura de que si un gato negro se cruza en la calle por la que caminas tendrás mala suerte. Para evitarla tendrías que cambiar de ruta o dejar pasar a algún incauto antes, no sabemos si para que esa persona se lleve la mala suerte o bien para que tú la esquives.

Creas o no en estas supersticiones de antaño, lo cierto es que los gatos están dotados de unos sentidos mucho más desarrollados que les permite percibir vibraciones en el aire gracias a sus bigotes, a sus oídos ultrasensibles, sin olvidar su capacidad de ver en la oscuridad.

Mi gata por ejemplo sabe perfectamente cuándo va a venir alguien a casa y me avisa a su manera colocándose cerca de la puerta. Esta intuición les permite saber si hay un peligro inminente o, en su caso y más interesante para ella, si voy a levantarme y acudir a la cocina.

Los poderes mágicos

Como muchos otros animales, se ha comprobado que los gatos pueden predecir los terremotos. Se piensa que son capaces de percibir los cambios en los campos electromagnéticos, en la presión del aire o bien que son emisiones sonoras que nosotros no podemos alcanzar a escuchar. En todo caso, se han mostrado muy nerviosos, inquietos, incluso con el pelaje erizado.

Otro «poder» comprobado de los gatos es saber orientarse y ser capaces de regresar a su hogar aunque se encuentren lejos. Aunque esta fama se suele asociar a los perros, los gatos no se quedan atrás en este tipo de hazañas y se han dado muchos casos de mininos que estaban de vacaciones y, aún perdidos, supieron encontrar el camino de regreso a su casa.

Aunque de nuevo se suele hablar del poder terapéutico o sanador de los perros, los gatos también pueden alejar las energías negativas del hogar con su mera presencia. Además, pueden detectar tu estado de ánimo, por lo que si lo consideran adecuado, no dudarán en acostarse o frotarse contra ti para liberarte de la energía negativa que pueda invadirte.

Para hacer con tu gato

Quizás conozcas el caso de Aquiles, un gato sordo que vive en San Petersburgo, Rusia, y que desde 2017 pronostica los resultados de futbol. Como el famoso pulpo Paul, los gatos también han hecho gala de sus poderes adivinatorios.

Para este ejercicio te propongo que escribas en un papel un sí muy grande y un no muy grande y que los gires (aunque de todas formas tu gato tampoco sabe leer…).

Con tu gato delante, hazle una pregunta que se pueda contestar de forma afirmativa o negativa y que puedas comprobar en un futuro próximo. ¡A jugar!

1 Adquiere un ojo de gato

El ojo de gato o crisolita es un mineral asociado desde siempre a los gatos. Existen de dos tipos: uno más caro con cualidad de gema, y los cuarzos que, por su iridiscencia, llevan el mismo nombre y son más baratos. Se considera que aleja las energías negativas, las malas influencias y las enfermedades.

2 Escucha tu intuición

Aprende a escuchar tu intuición, esas corazonadas que muchas veces desdeñamos pero que notamos en la boca del estómago o como un hormigueo que sube por la espalda.
Si una situación o circunstancia te incomoda por ejemplo, haz caso a tu intuición y analiza las causas. Elige lo mejor para ti. Ante la confusión, deja reposar el problema mientras haces una caminata o duermes, probablemente después encuentres la solución.

3 Ajna Chakra

Este chakra, o centros de energía según los hinduistas, también es conocido como el tercer ojo porque se sitúa en el entrecejo y rige la percepción o intuición y la comunicación espiritual.

Para abrirlo o activarlo, siéntate en un lugar en el que estés muy cómodo y tranquilo. Realiza unas respiraciones profundas tal como te he enseñado en este libro y, a continuación, imagina que tienes una gran flor de loto o un triángulo invertido en el centro de tu frente. Si eso te cuesta, imagina que tienes otro ojo. Toda la escena está cubierta de mucha luz. Mantén esta imagen unos minutos y luego acaba con unas respiraciones.

4 Observa a los demás

Aprende a observar a los demás para descifrar todos esos mensajes ocultos que a un gato nunca se le pasarían. Pon atención en el tono de voz, la postura o la expresión facial. Es el llamado lenguaje corporal y engloba todas las señales que emitimos muchas veces sin darnos cuenta, como esos gestos que hacemos o posturas que adoptamos en una conversación.

5 Observa a tu gato

Del mismo modo, observa atentamente a tu gato, intenta «leer» los gestos de sus orejas, la posición de sus bigotes, la postura de su cola, la posición de sus patas, la obertura de sus ojos… ¿Está contento? ¿Está receptivo?

En la misma colección: